POESÍA DE AMOR

PABLO NERUDA, seudónimo de Neftalí Ricardo Reyes, nació en Parral, Linares (Chile), en 1904. De 1920 a 1927 residió en Santiago, y en esta época escribió sus primeros poemas: «La canción de la fiesta» (1921), «Crepuscolario» (1923) y «Veinte poemas de amor y una canción desesperada» (1924), títulos que muestran las primeras fases de su evolución, desde sus inicios posrubenianos hasta la adquisición de un tono más personal y libre de la expresión poética. En 1927 empezó su existencia viajera y ocupó varios cargos consulares en China, Ceilán y Birmania. *Residencia en la tierra* (1933) le reveló como un poeta de intensa originalidad, vinculado indirectamente con la corriente surrealista. Entre 1934 y 1938 ocupó el cargo de cónsul de Chile en España, y en estos años entró en contacto con escritores españoles de la Generación del 27. En 1941 se instaló en México y, posteriormente, regresó a su patria, donde, en 1945, fue nombrado senador. En 1971 le fue concedido el Premio Nobel de Literatura y fue nombrado por Salvador Allende embajador en París. Murió en 1973, poco después del golpe de Estado de Augusto Pinochet. Póstumamente, en 1974, se publicaron sus memorias bajo el título *Confieso que he vivido*.

POESÍA DE AMOR

De tus caderas a tus pies quiero hacer un largo viaje

PABLO NERUDA

Selección de Edgardo Dobry

POESÍA
PORTÁTIL

(Amo el amor de los marineros
que besan y se van.
Dejan una promesa.
No vuelven nunca más.

En cada puerto una mujer espera:
los marineros besan y se van.

Una noche se acuestan con la muerte
en el lecho del mar.)

Amo el amor que se reparte
en besos, lecho y pan.

Amor que puede ser eterno
y puede ser fugaz.

Amor que quiere libertarse
para volver a amar.

Amor divinizado que se acerca.
Amor divinizado que se va.

Ya no se encantarán mis ojos en tus ojos,
ya no se endulzará junto a ti mi dolor.

Pero hacia donde vaya llevaré tu mirada
y hacia donde camines llevarás mi dolor.

Fui tuyo, fuiste mía. Qué más? Juntos hicimos
un recodo en la ruta donde el amor pasa.

Fui tuyo, fuiste mía. Tú serás del que te ame,
del que corte en tu huerto lo que he sembrado yo.

Yo me voy. Estoy triste: pero siempre estoy triste.
Vengo desde tus brazos. No sé hacia dónde voy.

...Desde tu corazón me dice adiós un niño.
Y yo le digo adiós.

AMOR

Mujer, yo hubiera sido tu hijo, por beberte
la leche de los senos como un manantial,
por mirarte y sentirte a mi lado y tenerte
en la risa de oro y la voz de cristal.
Por sentirte en mis venas como Dios en los ríos
y adorarte en los tristes huesos de polvo y cal,
porque tu ser pasara sin pena al lado mío
y saliera en la estrofa —limpio de todo mal—.

Cómo sabría amarte, mujer, cómo sabría
amarte, amarte como nadie supo jamás!
Morir y todavía
amarte más.
Y todavía
amarte más
        y más.

Para que tú me oigas
mis palabras
se adelgazan a veces
como las huellas de las gaviotas en las playas.

Collar, cascabel ebrio
para tus manos suaves como las uvas.
Y las miro lejanas mis palabras.
Más que mías son tuyas.
Van trepando en mi viejo dolor como las yedras.

Ellas trepan asi por las paredes húmedas.
Eres tú la culpable de este juego sangriento.
Ellas están huyendo de mi guarida oscura.
Todo lo llenas tú, todo lo llenas.

Antes que tú poblaron la soledad que ocupas,
y están acostumbradas más que tú a mi tristeza.

Ahora quiero que digan lo que quiero decirte
para que tú las oigas como quiero que me oigas.

El viento de la angustia aún las suele arrastrar.
Huracanes de sueños aún a veces las tumban.
Escuchas otras voces en mi voz dolorida.
Llanto de viejas bocas, sangre de viejas súplicas.

Ámame, compañera. No me abandones. Sígueme.
Sígueme, compañera, en esa ola de angustia.

Pero se van tiñendo con tu amor mis palabras.
Todo lo ocupas tú, todo lo ocupas.

Voy haciendo de todas un collar infinito
para tus blancas manos, suaves como las uvas.

Te recuerdo como eras en el último otoño.
Eras la boina gris y el corazón en calma.
En tus ojos peleaban las llamas del crepúsculo.
Y las hojas caían en el agua de tu alma.

Apegada a mis brazos como una enredadera,
las hojas recogían tu voz lenta y en calma.
Hoguera de estupor en que mi sed ardía.
Dulce jacinto azul torcido sobre mi alma.

Siento viajar tus ojos y es distante el otoño:
boina gris, voz de pájaro y corazón de casa
hacia donde emigraban mis profundos anhelos
y caían mis besos alegres como brasas.

Cielo desde un navío. Campo desde los cerros.
Tu recuerdo es de luz, de humo, de estanque en calma!
Más allá de tus ojos ardían los crepúsculos.
Hojas secas de otoño giraban en tu alma.

Abeja blanca zumbas —ebria de miel— en mi alma
y te tuerces en lentas espirales de humo.
Soy el desesperado, la palabra sin ecos,
el que lo perdió todo, y el que todo lo tuvo.

Última amarra, cruje en ti mi ansiedad última.
En mi tierra desierta eres la última rosa.

Ah silenciosa!

Cierra tus ojos profundos. Allí aletea la noche.
Ah desnuda tu cuerpo de estatua temerosa.

Tienes ojos profundos donde la noche alea.
Frescos brazos de flor y regazo de rosa.

Se parecen tus senos a los caracoles blancos.
Ha venido a dormirse en tu vientre una mariposa de
    sombra.

Ah silenciosa!

He aquí la soledad de donde estás ausente.
Llueve. El viento del mar caza errantes gaviotas.

El agua anda descalza por las calles mojadas.
De aquel árbol se quejan, como enfermos, las hojas.

Abeja blanca, ausente, aún zumbas en mi alma.
Revives en el tiempo, delgada y silenciosa.

Ah silenciosa!

Para mi corazón basta tu pecho,
para tu libertad bastan mis alas.
Desde mi boca llegará hasta el cielo
lo que estaba dormido sobre tu alma.

Es en ti la ilusión de cada día.
Llegas como el rocío a las corolas.
Socavas el horizonte con tu ausencia.
Eternamente en fuga como la ola.

He dicho que cantabas en el viento
como los pinos y como los mástiles.
Como ellos eres alta y taciturna.
Y entristeces de pronto, como un viaje.

Acogedora como un viejo camino.
Te pueblan ecos y voces nostálgicas.
Yo desperté y a veces emigran y huyen
pájaros que dormían en tu alma.

He ido marcando con cruces de fuego
el atlas blanco de tu cuerpo.
Mi boca era una araña que cruzaba escondiéndose.
En ti, detrás de ti, temerosa, sedienta.

Historias que contarte a la orilla del crepúsculo,
muñeca triste y dulce, para que no estuvieras triste.
Un cisne, un árbol, algo lejano y alegre.
El tiempo de las uvas, el tiempo frutal.

Yo que viví en un puerto desde donde te amaba.
La soledad cruzada de sueño y de silencio.
Acorralado entre el mar y la tristeza.
Callado, delirante, entre dos gondoleros inmóviles.

Entre los labios y la voz, algo se va muriendo.
Algo con alas de pájaro, algo de angustia y de olvido.
Así como las redes no retienen el agua.
Muñeca mía, apenas quedan gotas temblando.
Sin embargo, algo canta entre estas palabras fugaces.
Algo canta, algo sube hasta mi ávida boca.
Oh poder celebrarte con todas las palabras de
    alegría.
Cantar, arder, huir, como un campanario en las manos de
    un loco.

Triste ternura mía, qué te haces de repente?
Cuando he llegado al vértice más atrevido y frío
mi corazón se cierra como una flor nocturna.

Me gustas cuando callas porque estás como ausente,
y me oyes desde lejos, y mi voz no te toca.
Parece que los ojos se te hubieran volado
y parece que un beso te cerrara la boca.

Como todas las cosas están llenas de mi alma
emerges de las cosas, llena del alma mía.
Mariposa de sueño, te pareces a mi alma,
y te pareces a la palabra melancolía.

Me gustas cuando callas y estás como distante.
Y estás como quejándote, mariposa en arrullo.
Y me oyes desde lejos, y mi voz no te alcanza:
déjame que me calle con el silencio tuyo.

Déjame que te hable también con tu silencio
claro como una lámpara, simple como un anillo.
Eres como la noche, callada y constelada.
Tu silencio es de estrella, tan lejano y sencillo.

Me gustas cuando callas porque estás como ausente.
Distante y dolorosa como si hubieras muerto.
Una palabra entonces, una sonrisa bastan.
Y estoy alegre, alegre de que no sea cierto.

Aquí te amo.
En los oscuros pinos se desenreda el viento.
Fosforece la luna sobre las aguas errantes.
Andan días iguales persiguiéndose.

Se desciñe la niebla en danzantes figuras.
Una gaviota de plata se descuelga del ocaso.
A veces una vela. Altas, altas estrellas.

O la cruz negra de un barco.
Solo.
A veces amanezco, y hasta mi alma está húmeda.
Suena, resuena el mar lejano.
Éste es un puerto.

Aquí te amo.
Aquí te amo y en vano te oculta el horizonte.
Te estoy amando aún entre estas frías cosas.
A veces van mis besos en esos barcos graves,
que corren por el mar hacia donde no llegan.

Ya me veo olvidado como estas viejas anclas.
Son más tristes los muelles cuando atraca la tarde.
Se fatiga mi vida inútilmente hambrienta.
Amo lo que no tengo. Estás tú tan distante.

Mi hastío forcejea con los lentos crepúsculos.
Pero la noche llega y comienza a cantarme.
La luna hace girar su rodaje de sueño.

Me miran con tus ojos las estrellas más grandes.
Y como yo te amo, los pinos en el viento,
quieren cantar tu nombre con sus hojas de alambre.

Puedo escribir los versos más tristes esta noche.

Escribir, por ejemplo: «La noche está estrellada,
y tiritan, azules, los astros, a lo lejos».

El viento de la noche gira en el cielo y canta.

Puedo escribir los versos más tristes esta noche.
Yo la quise, y a veces ella también me quiso.

En las noches como ésta la tuve entre mis brazos.
La besé tantas veces bajo el cielo infinito.

Ella me quiso, a veces yo también la quería.
Cómo no haber amado sus grandes ojos fijos.

Puedo escribir los versos más tristes esta noche.
Pensar que no la tengo. Sentir que la he perdido.

Oír la noche inmensa, más inmensa sin ella.
Y el verso cae al alma como el pasto al rocío.

Qué importa que mi amor no pudiera guardarla.
La noche está estrellada y ella no está conmigo.

Eso es todo. A lo lejos alguien canta. A lo lejos.
Mi alma no se contenta con haberla perdido.

Como para acercarla mi mirada la busca.
Mi corazón la busca, y ella no está conmigo.

La misma noche que hace blanquear los mismos
    árboles.
Nosotros, los de entonces, ya no somos los mismos.

Ya no la quiero, es cierto, pero cuánto la quise.
Mi voz buscaba el viento para tocar su oído.

De otro. Será de otro. Como antes de mis besos.
Su voz, su cuerpo claro. Sus ojos infinitos.

Ya no la quiero, es cierto, pero tal vez la quiero.
Es tan corto el amor, y es tan largo el olvido.

Porque en noches como ésta la tuve entre mis brazos,
mi alma no se contenta con haberla perdido.

Aunque éste sea el último dolor que ella me causa,
y éstos sean los últimos versos que yo le escribo.

LA CANCIÓN DESESPERADA

Emerge tu recuerdo de la noche en que estoy.
El río anuda al mar su lamento obstinado.

Abandonado como los muelles en el alba.
Es la hora de partir, oh abandonado!

Sobre mi corazón llueven frías corolas.
Oh sentina de escombros, feroz cueva de náufragos!

En ti se acumularon las guerras y los vuelos.
De ti alzaron las alas los pájaros del canto.

Todo te lo tragaste, como la lejanía.
Como el mar, como el tiempo. Todo en ti fue naufragio!

En la infancia de niebla mi alma alada y herida.
Descubridor perdido, todo en ti fue naufragio!

Era la alegre hora del asalto y el beso.
La hora del estupor que ardía como un faro.

Ansiedad de piloto, furia de buzo ciego,
turbia embriaguez de amor, todo en ti fue naufragio!

Te ceñiste al dolor, te agarraste al deseo.
Te tumbó la tristeza, todo en ti fue naufragio!

Hice retroceder la muralla de sombra,
anduve más allá del deseo y del acto.

Oh carne, carne mía, mujer que amé y perdí,
a ti en esta hora húmeda, evoco y hago canto.

Como un vaso albergaste la infinita ternura,
y el infinito olvido te trizó como a un vaso.

Era la negra, negra soledad de las islas,
y allí, mujer de amor, me acogieron tus brazos.

Era la sed y el hambre, y tú fuiste la fruta.
Era el duelo y las ruinas, y tú fuiste el milagro.

Ah mujer, no sé cómo pudiste contenerme
en la tierra de tu alma, y en la cruz de tus brazos!

Mi deseo de ti fue el más terrible y corto,
el más revuelto y ebrio, el más tirante y ávido.

Cementerio de besos, aún hay fuego en tus tumbas,
aún los racimos arden picoteados de pájaros.

Oh la boca mordida, oh los besados miembros,
oh los hambrientos dientes, oh los cuerpos trenzados.

Oh la cópula loca de esperanza y esfuerzo
en que nos anudamos y nos desesperamos.

Y la ternura, leve como el agua y la harina.
Y la palabra apenas comenzada en los labios.

Ése fue mi destino y en él viajó mi anhelo,
y en él cayó mi anhelo, todo en ti fue naufragio!

Oh, sentina de escombros, en ti todo caía,
qué dolor no exprimiste, qué olas no te ahogaron!

De tumbo en tumbo aún llameaste y cantaste.
De pie como un marino en la proa de un barco.

Aún floreciste en cantos, aún rompiste en corrientes.
Oh sentina de escombros, pozo abierto y amargo.

Pálido buzo ciego, desventurado hondero,
descubridor perdido, todo en ti fue naufragio!

Es la hora de partir, la dura y fría hora
que la noche sujeta a todo horario.

El cinturón ruidoso del mar ciñe la costa.
Surgen frías estrellas, emigran negros pájaros.

Abandonado como los muelles en el alba.
Sólo la sombra trémula se retuerce en mis manos.

Ah más allá de todo. Ah más allá de todo.

Es la hora de partir. Oh abandonado!

Déjame sueltas las manos
y el corazón, déjame libre!
Deja que mis dedos corran
por los caminos de tu cuerpo.
La pasión —sangre, fuego, besos—
me incendia a llamaradas trémulas.
Ay, tú no sabes lo que es esto!

Es la tempestad de mis sentidos
doblegando la selva sensible de mis nervios.
Es la carne que grita con sus ardientes lenguas!
Es el incendio!
Y estás aquí, mujer, como un madero intacto
ahora que vuela toda mi vida hecha cenizas
hacia tu cuerpo lleno, como la noche, de astros!

Déjame libres las manos
y el corazón, déjame libre!
Yo sólo te deseo, yo sólo te deseo!
No es amor, es deseo que se agosta y se extingue,
es precipitación de furias,
acercamiento de lo imposible,
pero estás tú
estás para dármelo todo,
y a darme lo que tienes a la tierra viniste—

como yo para contenerte,
y desearte,
y recibirte!

Canción del macho y de la hembra!
La fruta de los siglos
exprimiendo su jugo
en nuestras venas.

Mi alma derramándose en tu carne extendida
para salir de ti más buena,
el corazón desparramándose,
estirándose como una pantera,
y mi vida, hecha astillas, anudándose
a ti como la luz a las estrellas!

Me recibes
como al viento la vela.
Te recibo
como el surco a la siembra.

Duérmete sobre mis dolores
si mis dolores no te queman,
amárrate a mis alas,
acaso mis alas te llevan,
endereza mis deseos,
acaso te lastima su pelea.

Tú eres lo único que tengo
desde que perdí mi tristeza!

Desgárrame como una espada
o táctame como una antena!

Bésame,
muérdeme,
incéndiame,
que yo vengo a la tierra
sólo por el naufragio de mis ojos de macho
en el agua infinita de tus ojos de hembra!

Esclava mía, témeme. Ámame. Esclava mía!
Soy contigo el ocaso más vasto de mi cielo,
y en él despunta mi alma como una estrella fría.
Cuando de ti se alejan vuelven a mí mis pasos.
Mi propio latigazo cae sobre mi vida.
Eres lo que está dentro de mí y está lejano.
Huyendo como un coro de nieblas perseguidas.
Junto a mí, pero dónde? Lejos, lo que está lejos.
Y lo qué estando lejos bajo mis pies camina.
El eco de la voz más allá del silencio.
Y lo que en mi alma crece como el musgo en las ruinas.

Sed de ti que me acosa en las noches hambrientas.
Trémula mano roja que hasta su vida se alza.
Ebria de sed, loca sed, sed de selva en sequía.
Sed de metal ardiendo, sed de raíces ávidas.
Hacia dónde, en las tardes que no vayan tus ojos
en viaje hacia mis ojos, esperándote entonces.

Estás llena de todas las sombras que me acechan.
Me sigues como siguen los astros a la noche.
Mi madre me dio lleno de preguntas agudas.
Tú las contestas todas. Eres llena de voces.
Ancla blanca que cae sobre el mar que cruzamos.
Surco para la turbia semilla de mi nombre.
Que haya una tierra mía que no cubra tu huella.
Sin tus ojos viajeros, en la noche, hacia dónde.

Por eso eres la sed y lo que ha de saciarla.
Cómo poder no amarte si he de amarte por eso.
Si ésa es la amarra cómo poder cortarla, cómo.
Cómo si hasta mis huesos tienen sed de tus huesos.
Sed de ti, sed de ti, guirnalda atroz y dulce.
Sed de ti que en las noches me muerde como un perro.
Los ojos tienen sed, para qué están tus ojos.

La boca tiene sed, para qué están tus besos.
El alma está incendiada de estas brasas que te aman.
El cuerpo incendio vivo que ha de quemar tu cuerpo.
De sed. Sed infinita. Sed que busca tu sed.
Y en ella se aniquila como el agua en el fuego.

JUNTOS NOSOTROS

Qué pura eres de sol o de noche caída,
qué triunfal desmedida tu órbita de blanco,
y tu pecho de pan, alto de clima,
tu corona de árboles negros, bienamada,
y tu nariz de animal solitario, de oveja salvaje
que huele a sombra y a precipitada fuga tiránica.
Ahora, qué armas espléndidas mis manos,
digna su pala de hueso y su lirio de uñas,
y el puesto de mi rostro, y el arriendo de mi alma
están situados en lo justo de la fuerza terrestre.

Qué pura mi mirada de nocturna influencia,
caída de ojos oscuros y feroz acicate,
mi simétrica estatua de piernas gemelas
sube hacia estrellas húmedas cada mañana,
y mi boca de exilio muerde la carne y la uva,
mis brazos de varón, mi pecho tatuado
en que penetra el vello como ala de estaño,
mi cara blanca hecha para la profundidad del sol,
mi pelo hecho de ritos, de minerales negros,
mi frente, penetrante como golpe o camino,
mi piel de hijo maduro, destinado al arado,
mis ojos de sal ávida, de matrimonio rápido,

mi lengua amiga blanda del dique y del buque,
mis dientes de horario blanco, de equidad sistemática,
la piel que hace a mi frente un vacío de hielos
y en mi espalda se torna, y vuela a mis párpados,
y se repliega sobre mi más profundo estímulo,
y crece hacia las rosas en mis dedos,
en mi mentón de hueso y en mis pies de riqueza.

Y tú como un mes de estrella, como un beso fijo,
como estructura de ala, o comienzos de otoño,
niña, mi partidaria, mi amorosa,
la luz hace su lecho bajo tus grandes párpados
dorados como bueyes, y la paloma redonda
hace sus nidos blancos frecuentemente en ti.
Hecha de ola en lingotes y tenazas blancas,
tu salud de manzana furiosa se estira sin límite,
el tonel temblador en que escucha tu estómago,
tus manos hijas de la harina y del cielo.

Qué parecida eres al más largo beso,
su sacudida fija parece nutrirte,
y su empuje de brasa, de bandera revuelta,
va latiendo en tus dominios y subiendo temblando,
y entonces tu cabeza se adelgaza en cabellos,
y su forma guerrera, su círculo seco,
se desploma de súbito en hilos lineales
como filos de espadas o herencias del humo.

ÁNGELA ADÓNICA

Hoy me he tendido junto a una joven pura
como a la orilla de un océano blanco,
como en el centro de una ardiente estrella
    de lento espacio.

De su mirada largamente verde
la luz caía como un agua seca,
en transparentes y profundos círculos
    de fresca fuerza.

Su pecho como un fuego de dos llamas
ardía en dos regiones levantado,
y en doble río llegaba a sus pies,
    grandes y claros.

Un clima de oro maduraba apenas
las diurnas longitudes de su cuerpo
llenándolo de frutas extendidas
    y oculto fuego.

ALIANZA
(Sonata)

Ni el corazón cortado por un vidrio
en un erial de espinas,
ni las aguas atroces vistas en los rincones
de ciertas casas, aguas como párpados y ojos,
podrían sujetar tu cintura en mis manos
cuando mi corazón levanta sus encinas
hacia tu inquebrantable hilo de nieve.
Nocturno azúcar, espíritu
de las coronas,
redimida
sangre humana, tus besos
me destierran
y un golpe de agua con restos del mar
golpea los silencios que te esperan
rodeando las gastadas sillas, gastando puertas.
Noches con ejes claros,
partida, material, únicamente
voz, únicamente
desnuda cada día.

Sobre tus pechos de corriente inmóvil,
sobre tus piernas de dureza y agua,
sobre la permanencia y el orgullo
de tu pelo desnudo,
quiero estar, amor mío, ya tiradas las lágrimas
al ronco cesto donde se acumulan,
quiero estar, amor mío, solo con una sílaba
de plata destrozada, solo con una punta
de tu pecho de nieve.

Ya no es posible, a veces,
ganar sino cayendo,
ya no es posible, entre dos seres
temblar, tocar la flor del río:
hebras de hombres vienen como agujas,
tramitaciones, trozos,
familias de coral repulsivo, tormentas
y pasos duros por alfombras
de invierno.

Entre labios y labios hay ciudades
de gran ceniza y húmeda cimera,
gotas de cuánto y cómo, indefinidas
circulaciones:
entre labios y labios como por una costa
de arena y vidrio, pasa el viento.

Por eso eres sin fin, recógeme como si fueras
toda solemnidad, toda nocturna
como una zona, hasta que te confundas
con las líneas del tiempo.

Avanza en la dulzura,
ven a mi lado hasta que las digitales
hojas de los violines
hayan callado, hasta que los musgos
arraiguen en el trueno, hasta que del latido
de mano y mano bajen las raíces.

LA PASAJERA DE CAPRI

De dónde, planta o rayo,
de dónde, rayo negro o planta dura,
venías y viniste
hasta el rincón marino?

Sombra del continente más lejano
hay en tus ojos, luna abierta
en tu boca salvaje,
y tu rostro es el párpado de una fruta dormida.
El pezón satinado de una estrella es tu forma,
sangre y fuego de antiguas lanzas hay en tus labios.

De dónde recogiste
pétalos transparentes
de manantial, de dónde
trajiste la semilla
que reconozco? Y luego
el mar de Capri en ti, mar extranjero,
detrás de ti las rocas, el aceite,
la recta claridad bien construida,
pero tú, yo conozco,
yo conozco esa rosa,
yo conozco la sangre de esa rosa,

yo sé que la conozco,
yo sé de dónde viene,
y huelo el aire libre de ríos y caballos
que tu presencia trae a mi memoria.
Tu cabellera es una carta roja
llena de bruscos besos y noticias,
tu afirmación, tu investidura clara
me hablan a mediodía,
a medianoche llaman a mi puerta
como si adivinaran
adónde quieren regresar mis pasos.

Tal vez, desconocida,
la sal de Maracaibo
suena en tu voz llenándola de sueño,
o el frío viento de Valparaíso
sacudió tu razón cuando crecías.
Lo cierto es que hoy, mirándote al pasar
entre las aves de pecho rosado
de los farellones de Capri,
la llamarada de tus ojos, algo
que vi volar desde tu pecho, el aire
que rodea tu piel, la luz nocturna
que de tu corazón sin duda sale,
algo llegó a mi boca
con un sabor de flor que conocía,
algo tiñó mis labios con el licor oscuro

de las plantas silvestres de mi infancia,
y yo pensé: Esta dama,
aunque el clásico azul derrame todos
los racimos del cielo en su garganta,
aunque detrás de ella los templos
nimben con su blancura coronada
tanta hermosura,
ella no es, ella es otra,
algo crepita en ella que me llama:
toda la tierra que me dio la vida
está en esta mirada, y estas manos
sutiles
recogieron el agua en la vertiente
y estos menudos pies fueron midiendo
las volcánicas islas de mi patria.

Oh tú, desconocida dulce y dura,
cuando ya tu paso
descendió hasta perderse,
y sólo las columnas
del templo roto y el zafiro verde
del mar que canta en mi destierro
quedaron solos, solos
conmigo y con tu sombra,
mi corazón dio un gran latido,
como si una gran piedra sostenida
en la invisible altura

cayera de repente
sobre el agua y saltaran las espumas.

Y desperté de tu presencia entonces
con el rostro regado
por tu salpicadura,
agua y aroma y sueño,
distancia y tierra y ola!

EN TI LA TIERRA

Pequeña
rosa,
rosa pequeña,
a veces,
diminuta y desnuda,
parece
que en una mano mía
cabes,
que así voy a cerrarte
y a llevarte a mi boca,
pero
de pronto
mis pies tocan tus pies y mi boca tus labios,
has crecido,
suben tus hombros como dos colinas,
tus pechos se pasean por mi pecho,
mi brazo alcanza apenas a rodear la delgada
línea de luna nueva que tiene tu cintura:
en el amor como agua de mar te has desatado:
mido apenas los ojos más externos del cielo
y me inclino a tu boca para besar la tierra.

LA REINA

Yo te he nombrado reina.
Hay más altas que tú, más altas.
Hay más puras que tú, más puras.
Hay más bellas que tú, hay más bellas.
Pero tú eres la reina.

Cuando vas por las calles
nadie te reconoce.
Nadie ve tu corona de cristal, nadie mira
la alfombra de oro rojo
que pisas donde pasas,
la alfombra que no existe.

Y cuando asomas
suenan todos los ríos
en mi cuerpo, sacuden
el cielo las campanas,
y un himno llena el mundo.

Sólo tú y yo,
sólo tú y yo, amor mío,
lo escuchamos.

TUS PIES

Cuando no puedo mirar tu cara
miro tus pies.

Tus pies de hueso arqueado,
tus pequeños pies duros.

Yo sé que te sostienen,
y que tu dulce peso
sobre ellos se levanta.
Tu cintura y tus pechos,
la duplicada púrpura
de tus pezones,
la caja de tus ojos
que recién han volado,
tu ancha boca de fruta,
tu cabellera roja,
pequeña torre mía.

Pero no amo tus pies
sino porque anduvieron
sobre la tierra y sobre
el viento y sobre el agua,
hasta que me encontraron.

TUS MANOS

Cuando tus manos salen,
amor, hacia las mías,
qué me traen volando?
Por qué se detuvieron
en mi boca, de pronto,
por qué las reconozco
como si entonces, antes,
las hubiera tocado,
como si antes de ser
hubieran recorrido
mi frente, mi cintura?

Su suavidad venía
volando sobre el tiempo,
sobre el mar, sobre el humo,
sobre la primavera,
y cuando tú pusiste
tus manos en mi pecho,
reconocí esas alas
de paloma dorada,
reconocí esa greda
y ese color de trigo.

Los años de mi vida
yo caminé buscándolas.
Subí las escaleras,
crucé los arrecifes,
me llevaron los trenes,
las aguas me trajeron,
y en la piel de las uvas
me pareció tocarte.
La madera de pronto
me trajo tu contacto,
la almendra me anunciaba
tu suavidad secreta,
hasta que se cerraron
tus manos en mi pecho
y allí como dos alas
terminaron su viaje.

TU RISA

Quítame el pan, si quieres,
quítame el aire, pero
no me quites tu risa.

No me quites la rosa,
la lanza que desgranas,
el agua que de pronto
estalla en tu alegría,
la repentina ola
de plata que te nace.

Mi lucha es dura y vuelvo
con los ojos cansados
a veces de haber visto
la tierra que no cambia,
pero al entrar tu risa
sube al cielo buscándome
y abre para mí todas
las puertas de la vida.

Amor mío, en la hora
más oscura desgrana
tu risa, y si de pronto
ves que mi sangre mancha

las piedras de la calle,
ríe, porque tu risa
será para mis manos
como una espada fresca.

Junto al mar en otoño,
tu risa debe alzar
su cascada de espuma,
y en primavera, amor,
quiero tu risa como
la flor que yo esperaba,
la flor azul, la rosa
de mi patria sonora.

Ríete de la noche,
del día, de la luna,
ríete de las calles
torcidas de la isla,
ríete de este torpe
muchacho que te quiere,
pero cuando yo abro
los ojos y los cierro,
cuando mis pasos van,
cuando vuelven mis pasos,
niégame el pan, el aire,
la luz, la primavera,
pero tu risa nunca
porque me moriría.

LA NOCHE EN LA ISLA

Toda la noche he dormido contigo
junto al mar, en la isla.
Salvaje y dulce eras entre el placer y el sueño,
entre el fuego y el agua.

Tal vez muy tarde
nuestros sueños se unieron
en lo alto o en el fondo,
arriba como ramas que un mismo viento mueve,
abajo como rojas raíces que se tocan.

Tal vez tu sueño
se separó del mío
y por el mar oscuro
me buscaba
como antes
cuando aún no existías,
cuando sin divisarte
navegué por tu lado,
y tus ojos buscaban
lo que ahora
—pan, vino, amor y cólera—
te doy a manos llenas

porque tú eres la copa
que esperaba los dones de mi vida.

He dormido contigo
toda la noche mientras
la oscura tierra gira
con vivos y con muertos,
y al despertar de pronto
en medio de la sombra
mi brazo rodeaba tu cintura.
Ni la noche, ni el sueño
pudieron separarnos.

He dormido contigo
y al despertar tu boca
salida de tu sueño
me dio el sabor de tierra,
de agua marina, de algas,
del fondo de tu vida,
y recibí tu beso
mojado por la aurora
como si me llegara
del mar que nos rodea.

LA RAMA ROBADA

En la noche entraremos
a robar
una rama florida.
Pasaremos el muro,
en las tinieblas del jardín ajeno,
dos sombras en la sombra.

Aún no se fue el invierno,
y el manzano aparece
convertido de pronto
en cascada de estrellas olorosas.

En la noche entraremos
hasta tu tembloroso firmamento,
y tus pequeñas manos y las mías
robarán las estrellas.

Y sigilosamente,
a nuestra casa,
en la noche y la sombra,
entrará con tus pasos
el silencioso paso del perfume
y con pies estrellados
el cuerpo claro de la Primavera.

EL TIGRE

Soy el tigre.
Te acecho entre las hojas
anchas como lingotes
de mineral mojado.

El río blanco crece
bajo la niebla. Llegas.

Desnuda te sumerges.
Espero.

Entonces en un salto
de fuego, sangre, dientes,
de un zarpazo derribo
tu pecho, tus caderas.

Bebo tu sangre, rompo
tus miembros uno a uno.

Y me quedo velando
por años en la selva
tus huesos, tu ceniza,
inmóvil, lejos
del odio y de la cólera,

desarmado en tu muerte,
cruzado por las lianas,
inmóvil en la lluvia,
centinela implacable
de mi amor asesino.

EL CÓNDOR

Yo soy el cóndor, vuelo
sobre ti que caminas
y de pronto en un ruedo
de viento, plumas, garras,
te asalto y te levanto
en un ciclón silbante
de huracanado frío.

Y a mi torre de nieve,
a mi guarida negra
te llevo y sola vives,
y te llenas de plumas
y vuelas sobre el mundo,
inmóvil, en la altura.

Hembra cóndor, saltemos
sobre esta presa roja,
desgarremos la vida
que pasa palpitando
y levantemos juntos
nuestro vuelo salvaje.

EL INSECTO

De tus caderas a tus pies
quiero hacer un largo viaje.

Soy más pequeño que un insecto.

Voy por esas colinas,
son de color de avena,
tienen delgadas huellas,
que sólo yo conozco,
centímetros quemados,
pálidas perspectivas.

Aquí hay la montaña.
No saldré nunca de ella.
Oh, qué musgo gigante!
Y un cráter, una rosa
de fuego humedecido!

Por tus piernas desciendo
hilando una espiral
o durmiendo en el viaje
y llego a tus rodillas
de redonda dureza
como a las cimas duras
de un claro continente.

Hacia tus pies resbalo,
a las ocho aberturas
de tus dedos agudos,
lentos, peninsulares,
y de ellos al vacío
de la sábana blanca
caigo, buscando ciego
y hambriento tu contorno
de vasija quemante!

Áspero amor, violeta coronada de espinas,
matorral entre tantas pasiones erizado,
lanza de los dolores, corola de cólera,
por qué caminos y cómo te dirigiste a mi alma?

Por qué precipitaste tu fuego doloroso,
de pronto, entre las hojas frías de mi camino?
Quién te enseñó los pasos que hasta mí te
    llevaron?
Qué flor, qué piedra, qué humo mostraron mi morada?

Lo cierto es que tembló la noche pavorosa,
el alba llenó todas las copas con su vino
y el sol estableció su presencia celeste,

mientras que el cruel amor me cercaba sin tregua
hasta que lacerándome con espadas y espinas
abrió en mi corazón un camino quemante.

Tengo hambre de tu boca, de tu voz, de tu pelo,
y por las calles voy sin nutrirme, callado,
no me sostiene el pan, el alba me desquicia,
busco el sonido líquido de tus pies en el día.

Estoy hambriento de tu risa resbalada,
de tus manos color de furioso granero,
tengo hambre de la pálida piedra de tus uñas,
quiero comer tu piel como una intacta almendra.

Quiero comer el rayo quemado en tu hermosura,
la nariz soberana del arrogante rostro,
quiero comer la sombra fugaz de tus pestañas

y hambriento vengo y voy olfateando el crepúsculo
buscándote, buscando tu corazón caliente
como un puma en la soledad de Quitratúe.

Plena mujer, manzana carnal, luna caliente,
espeso aroma de algas, lodo y luz machacados,
qué oscura claridad se abre entre tus columnas?
Qué antigua noche el hombre toca con sus sentidos?

Ay, amar es un viaje con agua y con estrellas,
con aire ahogado y bruscas tempestades de harina:
amar es un combate de relámpagos
y dos cuerpos por una sola miel derrotados.

Beso a beso recorro tu pequeño infinito,
tus márgenes, tus ríos, tus pueblos diminutos,
y el fuego genital transformado en delicia

corre por los delgados caminos de la sangre
hasta precipitarse como un clavel nocturno,
hasta ser y no ser sino un rayo en la sombra.

No te amo como si fueras rosa de sal, topacio
o flecha de claveles que propagan el fuego:
te amo como se aman ciertas cosas oscuras,
secretamente, entre la sombra y el alma.

Te amo como la planta que no florece y lleva
dentro de sí, escondida, la luz de aquellas flores,
y gracias a tu amor vive oscuro en mi cuerpo
el apretado aroma que ascendió de la tierra.

Te amo sin saber cómo, ni cuándo, ni de dónde,
te amo directamente sin problemas ni orgullo:
así te amo porque no sé amar de otra manera,

sino así de este modo en que no soy ni eres,
tan cerca que tu mano sobre mi pecho es mía,
tan cerca que se cierran tus ojos con mi sueño.

Mi fea, eres una castaña despeinada,
mi bella, eres hermosa como el viento,
mi fea, de tu boca se pueden hacer dos,
mi bella, son tus besos frescos como sandías.

Mi fea, dónde están escondidos tus senos.
Son mínimos como dos copas de trigo.
Me gustaría verte dos lunas en el pecho:
las gigantescas torres de tu soberanía.

Mi fea, el mar no tiene tus uñas en su tienda,
mi bella, flor a flor, estrella por estrella,
ola por ola, amor, he contado tu cuerpo:

mi fea, te amo por tu cintura de oro,
mi bella, te amo por una arruga en tu frente,
amor, te amo por clara y por oscura.

Antes de amarte, amor, nada era mío:
vacilé por las calles y las cosas:
nada contaba ni tenía nombre:
el mundo era del aire que esperaba.

Yo conocí salones cenicientos,
túneles habitados por la luna,
hangares crueles que se despedían,
preguntas que insistían en la arena.

Todo estaba vacío, muerto y mudo,
caído, abandonado y decaído,
todo era inalienablemente ajeno,

todo era de los otros y de nadie,
hasta que tu belleza y tu pobreza
llenaron el otoño de regalos.

Desnuda eres tan simple como una de tus manos,
lisa, terrestre, mínima, redonda, transparente,
tienes líneas de luna, caminos de manzana,
desnuda eres delgada como el trigo desnudo.

Desnuda eres azul como la noche en Cuba,
tienes enredaderas y estrellas en el pelo,
desnuda eres enorme y amarilla
como el verano en una iglesia de oro.

Desnuda eres pequeña como una de tus uñas,
curva, sutil, rosada hasta que nace el día
y te metes en el subterráneo del mundo

como en un largo túnel de trajes y trabajos:
tu claridad se apaga, se viste, se deshoja
y otra vez vuelve a ser una mano desnuda.

Un signo tuyo busco en todas las otras,
en el brusco, ondulante río de las mujeres,
trenzas, ojos apenas sumergidos,
pies claros que resbalan navegando en la espuma.

De pronto me parece que diviso tus uñas
oblongas, fugitivas, sobrinas de un cerezo,
y otra vez es tu pelo que pasa y me parece
ver arder en el agua tu retrato de hoguera.

Miré, pero ninguna llevaba tu latido,
tu luz, la greda oscura que trajiste del bosque,
ninguna tuvo tus diminutas orejas.

Tú eres total y breve, de todas eres una,
y así contigo voy recorriendo y amando
un ancho Mississippi de estuario femenino.

Sabrás que no te amo y que te amo
puesto que de dos modos es la vida,
la palabra es un ala del silencio,
el fuego tiene una mitad de frío.

Yo te amo para comenzar a amarte,
para recomenzar el infinito
y para no dejar de amarte nunca:
por eso no te amo todavía.

Te amo y no te amo como si tuviera
en mis manos las llaves de la dicha
y un incierto destino desdichado.

Mi amor tiene dos vidas para amarte.
Por eso te amo cuando no te amo
y por eso te amo cuando te amo.

Amor mío, el invierno regresa a sus cuarteles,
establece la tierra sus dones amarillos
y pasamos la mano sobre un país remoto,
sobre la cabellera de la geografía.

Irnos! Hoy! Adelante, ruedas, naves, campanas,
aviones acerados por el diurno infinito
hacia el olor nupcial del archipiélago,
por longitudinales harinas de usufructo!

Vamos, levántate, y endiadémate y sube
y baja y corre y trina con el aire y conmigo,
vámonos a los trenes de Arabia o Tocopilla,

sin más que transmigrar hacia el polen lejano,
a pueblos lancinantes de harapos y gardenias
gobernados por pobres monarcas sin zapatos.

Si alguna vez tu pecho se detiene,
si algo deja de andar ardiendo por tus venas,
si tu voz en tu boca se va sin ser palabra,
si tus manos se olvidan de volar y se duermen,

Matilde, amor, deja tus labios entreabiertos
porque ese último beso debe durar conmigo,
debe quedar inmóvil para siempre en tu boca
para que así también me acompañe en mi muerte.

Me moriré besando tu loca boca fría,
abrazando el racimo perdido de tu cuerpo,
y buscando la luz de tus ojos cerrados.

Y así cuando la tierra reciba nuestro abrazo
iremos confundidos en una sola muerte
a vivir para siempre la eternidad de un beso.

Papel certificado por el Forest Stewardship Council®

MIXTO
Papel procedente de
fuentes responsables
FSC® C117695
FSC
www.fsc.org

Penguin
Random House
Grupo Editorial

Primera edición: junio de 2017
Séptima reimpresión: abril de 2022

Printed in Spain – Impreso en España

ISBN: 978-84-397-3316-4
Depósito legal: B-8.722-2017

Compuesto en La Nueva Edimac, S. L.
Impreso en Unigraf
Móstoles (Madrid)

RH3316B